CALCULA TU ENEAGRAMA DE LA PERSONALIDAD

Las claves para conocerse mejor y ser más eficaz

Por Valérie Debruche

Traducido por Laura Soler Pinson

Coaching en50MINUTOS.es

EL ENEAGRAMA

- **¿Problemática?** ¿Qué es un eneagrama y cómo puede ayudarnos en nuestra búsqueda de realización personal?
- **¿Utilidad?** Este método de autoanálisis invita al desarrollo personal con una meta fijada para que encontremos el lugar que nos conviene, sobre todo en el marco profesional.
- **¿Contexto profesional?** Recursos humanos, psicología del trabajo, comunicación, gestión.
- **¿Preguntas frecuentes?**
  - ¿Es lo mismo encasillar a la gente y utilizar el eneagrama para analizar personalidades?
  - ¿Realmente «releer» mi personalidad a la luz del eneagrama va a revelarme algo sobre mí que ignoraba?
  - ¿Qué relación puedo establecer con mi vida profesional?
  - ¿Podemos definir la profesión que se adecua mejor a cada tipo?
  - ¿Existen ciertos tipos que decididamente no pueden entenderse?
  - ¿Cambiamos de tipo con el tiempo?

Buscar nuestro camino, encontrar nuestro sitio o sentirnos realizados en el trabajo son desafíos a los que inevitablemente nos vemos confrontados cuando estamos implicados en una vida profesional activa. Sin embargo, el éxito de estas distintas fases depende de una variable que no siempre es fácil de dominar: el conocimiento de uno mismo. En este punto, el eneagrama puede resultar una herramienta útil.

El eneagrama ofrece un método de autoanálisis de la personalidad que permite situarse mejor dentro de una organización y obtener mejores resultados. Plantea preguntas acerca de nuestros puntos fuertes y débiles, y también acerca de la manera de sacar el mejor partido de ello. Así, ofrece ideas para responder a preguntas como: «¿Cómo alcanzar el éxito sintiéndome realizado?»; «¿De qué manera mi personalidad puede despuntar en todo su esplendor?»

En efecto, ¿quién no ha puesto en entredicho la pertinencia de haber elegido una profesión tras unos años de trayectoria? ¿Quién no ha sentido ya que proporciona esfuerzos desmesurados para intentar evolucionar, tanto desde un punto de vista personal como profesional? Con el eneagrama, ya puedes efectuar una autoevaluación, una lectura de ti mismo, y obtener así claves para el dominio comportamental.

Aunque este método tiene una aplicación simple, puede revelar aspectos complejos: no se contenta solo con categorizar una personalidad, situándola en una casilla, sino que también propone soluciones.

EL ABECÉ DEL ENEAGRAMA REVELADOR

¿QUÉ ES UN ENEAGRAMA?

Durante mucho tiempo, el eneagrama, enfoque psicológico presente a lo largo de la historia desde la Antigüedad y reinterpretado por la comunidad cristiana y sufí entre otras, solo se ha utilizado dentro de un marco religioso o filosófico. Su uso contemporáneo en el sector profesional es el resultado de su reactualización en el ámbito de la psicología en los Estados Unidos a partir de los años setenta. El regreso hacia esta técnica se operó sobre todo gracias al psiquiatra chileno Claudio Naranjo (nacido en 1932), que estudió en profundidad la cuestión y se interesó por la definición de los nueve tipos de personalidades que componen el eneagrama. Durante las décadas siguientes, el uso del eneagrama se extendió a los ámbitos espiritual, comercial y educativo, a los que ha contribuido con la misma eficacia. Entre los principales puntos fuertes de este método revisado, los expertos han identificado tres aspectos de importancia:

- se trata de un método de análisis totalmente individual;
- describe las motivaciones en vez de los comportamientos gracias a que tiene en cuenta el funcionamiento sincronizado de los tres cerebros del ser humano;
- se inscribe en una visión dinámica puesto que aporta soluciones durante el análisis, en vez de contentarse con establecer categorías.

Los tres cerebros

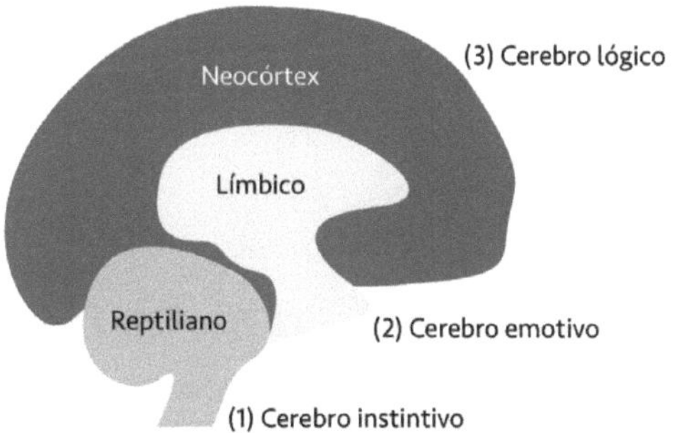

Etimológicamente, el eneagrama nos remite a una figura geométrica (del griego *gramma*, «letra» o «dibujo») de nueve lados (del griego *ennea*, que significa «nueve») que tiene como objetivo clasificar la personalidad del individuo que emprende este tipo de análisis en una de las nueve categorías que lo conforman. Por consiguiente, la figura del eneagrama es una circunferencia cuyo arco comprende nueve puntos que llamamos bases. Cada base representa un «eneatipo» que, en el marco del análisis del ser humano, se enfoca hacia varios rasgos de carácter predominantes vinculados a las motivaciones de la persona.

El eneagrama

El eneagrama puede intervenir para que una persona desarrolle unas relaciones más sanas y un mayor bienestar, independientemente del entorno en el que quiera que se produzca. Esta herramienta se adapta y goza de reconocimiento sobre todo en el mundo laboral. El eneagrama, que orienta las restructuraciones de la organización y que es una piedra angular en las formaciones, muestra una eficacia evidente. En este ámbito, permite descubrir las aptitudes específicas de la persona y adivinar los momentos en los que sacará a la luz ciertos puntos débiles gracias al reconocimiento de su «tipo». El interés principal del eneagrama reside en su enfoque dinámico, puesto que ofrece tablas con las que podemos anticipar nuestras propias reacciones y las de los demás y, a partir de ahí, podemos encontrar un lugar más adecuado en una estructura profesional. Si lo completamos correctamente y en su totalidad, sentiremos sus consecuencias, sin duda muy por encima de nuestras expectativas personales.

En esta síntesis sobre el eneagrama, nos familiarizaremos con los conceptos principales de este método. Dado que el estudio completo con eneagrama de un individuo puede ser más o menos largo según el nivel de profundización que busquemos, te proponemos aquí que intentes establecer tu eneatipo con un método sin cuestionario. Cuando consigas acercarte a un tipo (o a varios), revisaremos brevemente las características de cada uno.

GUIÑO DEL EMPLEADOR

¿Por qué intercambiar tiempo de trabajo por una iniciación al eneagrama? Entre empleados, y entre empleados y empleadores, pueden surgir problemas y malentendidos que pueden enrarecer el ambiente de trabajo. A menudo se deben a una mala comprensión de los mecanismos de razonamiento y de las «motivaciones» de cada uno. Incluso nosotros mismos también ignoramos a veces las razones que nos animan a actuar de una cierta manera. En la empresa, el eneagrama no solo permite que nos conozcamos bien y que tendamos hacia una mejora de nuestro bienestar; sobre todo permite que nos demos cuenta de que las motivaciones de cada uno pueden ser diferentes. Aprender a comprender «cómo» nuestro entorno profesional reflexiona y reacciona ya significa desactivar los futuros conflictos.

EL ENEAGRAMA O LA LIBERTAD DE AUTOANALIZARSE

Una herramienta individual

El eneagrama es una herramienta muy particular porque interviene en nuestra sociedad como un remedio que podemos prescribirnos a nosotros mismos. En un momento en el que las técnicas de bienestar y las terapias que tienen como meta la cura del yo ocupan cada vez más espacio en nuestra vida cotidiana, el eneagrama viene a completar la oferta. En concreto, las etapas de la práctica del eneagrama son las siguientes:

- toma de conciencia y deseo de conocernos mejor (he aquí una etapa que no debemos descuidar durante el proceso);
- descubrimiento de nuestro tipo y localización de nuestra personalidad en el eneagrama;
- descubrimiento de las soluciones que propone el eneagrama y de la literatura asociada para gestionar mejor nuestro tipo (poner un freno a los comportamientos que nos perjudican);
- aplicación de las enseñanzas del eneagrama en nuestra

vida cotidiana y, por supuesto, en nuestro entorno de trabajo.

Es evidente que, en cada una de estas etapas, intervienen las enseñanzas y las aportaciones de los especialistas del tema. Pero no por ello queda mutilada la esencia misma del proceso: el individuo que desea progresar es quien se sitúa en una posición central, desde la primera etapa hasta la última.

Claudio Naranjo deplora el hecho de que el autoanálisis se vea cada vez más denigrado en nuestra sociedad. En efecto, los psicoanalistas se adjudican el monopolio de descifrar personalidades y de acompañar a los individuos hacia un mayor bienestar. Naranjo califica esta actitud como «indefendible, en nuestra época, donde nuestra situación colectiva depende en gran medida de la transformación humana individual»[1]. Considera que «no podemos permitirnos el lujo de dejar que dormite el potencial de los individuos y su motivación para trabajar sobre ellos mismos, en la medida en la que son capaces» (Naranjo 2012).

El eneatipo, una «base» comportamental

Para algunos es fácil distinguir su tipo principal: únicamente tienen que recorrer las descripciones de las distintas bases del eneagrama. Si ya hemos iniciado el autoconocimiento, nos resultará más evidente saber a qué tipo pertenecemos. Sin embargo, esto no quiere decir que sea una verdad absoluta. El conocimiento de uno mismo o autoconocimiento es una «ciencia» que difícilmente podemos entender, y

---

1. Todas las citas han sido traducidas por en50Minutos.es

recomendamos leer todo lo que se pueda de la abundante literatura que existe sobre el tema antes de decretar que pertenecemos a un tipo o a otro.

En un primer momento, te proponemos un intento de definición que se verá más o menos simplista, pero que permite arrojar luz rápidamente sobre la personalidad de cada uno sin extenderse demasiado en la complejidad. Si te parece una tarea ardua situarte directamente en una categoría para cada una de las distinciones que descubrirás con la lectura de este documento, tómate unos días, incluso semanas, para proceder a una introspección: obsérvate y piensa en tus reacciones durante algunas situaciones específicas, en tu manera de interactuar con los otros, en tus objetivos en la vida, en tus prioridades, etc. Además, no dudes en solicitar la participación de tu entorno.

También puedes recurrir a un test en forma de cuestionario. En este caso, te aconsejamos que escojas un método reconocido, y que te dejes acompañar por un experto psicólogo, que te asistirá en la interpretación de los resultados.

Debemos señalar también que lo que intentamos definir en estas líneas es el tipo «de base». En efecto, las personalidades no se resumen solo a las características de su eneatipo: de hecho, es habitual reconocerse en ciertos aspectos de cada tipo. Sin embargo, habrá un tipo que se desmarque por una descripción más fiel de tu personalidad. Ese será, por lo tanto, tu tipo principal, «de base», del que no todas las características se ajustan a ti en cada instante.

El eneagrama coloca al lado de este tipo dominante un

«ala» que lo completa. Así, cada tipo se ve influido por el precedente y por el siguiente, uno más que otro en líneas generales. Por lo tanto, a un tipo 9 se le añade un ala dominante 8 o 1.

El ala

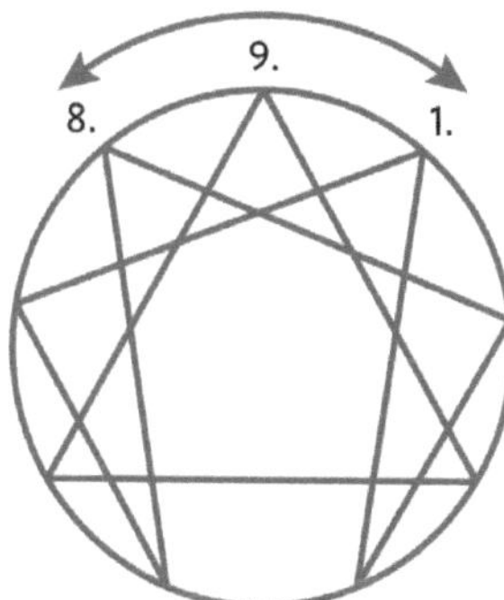

Para acabar, el método también incluye «líneas» en su análisis de la personalidad, es decir, direcciones de integración/de desarrollo y de desintegración/de estrés. En efecto, si nos remitimos al esquema, las flechas que unen los diferentes tipos entre ellos llevan también a tendencias comportamentales. Cada base está unida a dos flechas, una que «llega» y otra que «sale». Por consiguiente, basta con observar de dónde vienen y adónde van: la primera sale de un polo al que el individuo se acerca en situación de seguridad, mientras que la segunda es la base en la que se refugia en situación de estrés o de peligro.

Así, en situación de confort y, por lo tanto, de desarrollo, un 6 que hasta ahora se habrá mostrado ansioso y suspicaz tenderá a actuar como un 9 abierto, es decir, como alguien tolerante y sereno. Por el contrario, un 6 fiable y estable sometido a una presión demasiado grande tenderá a comportarse como un 3 arrogante y despectivo con los demás.

Las líneas

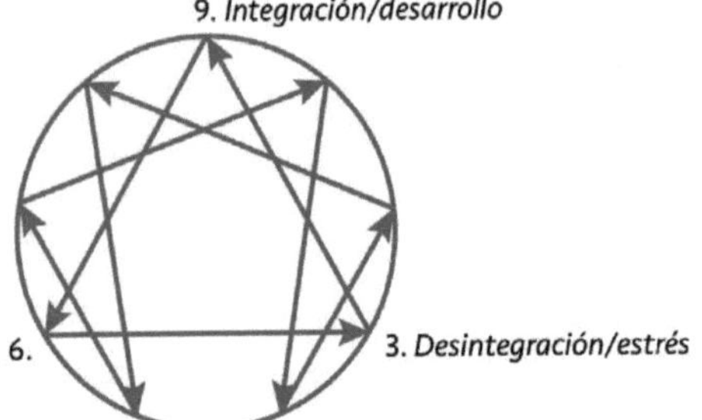

El método

¿Cómo podemos definir nuestro tipo? Para lograr identificar nuestro tipo, podemos recurrir a diversos métodos, aunque el más extendido es el cuestionario. Esta técnica puede ser más o menos larga. La mayor parte del tiempo, está ideada para que sea la persona en cuestión quien lo efectúe, pero también puede estar asistida por uno o varios seres cercanos para garantizar la objetividad de las respuestas. En efecto, mantener la objetividad con uno mismo es un punto esencial de la práctica que te presentamos aquí: de lo contrario, se altera la definición del tipo y el trabajo de mejora de nosotros mismos no se lleva a cabo de manera eficaz.

En esta guía, queremos que a través de un método más intuitivo llegues a identificar tu tipo (que, inevitablemente, tendrás que profundizar si deseas perseverar en el proceso que te ayudará a mejorar y que facilitará las relaciones en el trabajo). En efecto, cada uno de los nueve tipos del eneagrama puede asociarse a características clasificadas en tres categorías diferentes, relativas:

- al cerebro dominante;
- a la actitud hacia el mundo;
- a la fuente de motivación.

Desarrollaremos brevemente las características de cada una de estas categorías en el siguiente capítulo, y a continuación deberías ser capaz de establecer una relación con uno o varios tipos del eneagrama. Es posible que en este enfoque, un poco sucinto, no encuentres la combinación que creas que corresponde a tu personalidad, así que aprovechamos para recordarte que esto no es más que un «primer paso». Quizás no te permita conocer tu tipo de personalidad dominante, pero al menos sí que te indicará una primera gran tendencia de tu carácter que tendrás que afinar después mediante un test completo con el que determinarás tu eneatipo.

DESCIFRAR NUESTRO TIPO

Para cada una de las tres categorías que te presentamos a continuación, intenta determinar lo más objetivamente posible qué domina en tu personalidad.

¿Cuál es tu cerebro dominante?

- Cerebro reptiliano, con las «entrañas» como característica esencial: guiado por el instinto, no se otorga tiempo para la reflexión, la intuición es fundamental en las decisiones, se ve atraído por la ventaja material y tentado por obtener fácilmente el control sobre un grupo.
- Cerebro límbico, con el «corazón» como característica esencial: se deja llevar por sus emociones, está impregnado de espíritu de sacrificio, aprecia el reconocimiento que se percibe como raro y poco proporcional frente a los esfuerzos proporcionados, se adapta al contexto y a los demás.
- Neocórtex, con la «cabeza» como característica esencial: está dirigido por el razonamiento, desea acumular información, da a conocer muy poco de sus propios sentimientos y emociones, nunca actúa de manera impulsiva, a veces tiende a alejarse de la vida social.

¿Cuál es tu actitud frente al mundo?

- Hostil: actitud combativa frente al resto de la gente, sentimiento de estar en una situación adversa y de tener que imponerse a la fuerza.
- Amable: actitud conciliadora con respecto a las peticiones del otro, sentimiento de tener que adaptarse.
- Reticente: actitud de aislamiento frente a la gente, rechazo del reto y de la ayuda.

¿Cuál es la fuente de tu motivación?

- La autoconsideración: interés limitado por los demás,

excesiva autoestima.

- El oportunismo: acción orientada en función de la opinión pública, ausencia del yo para actuar según las conveniencias.
- La competitividad: atención dirigida hacia el exterior y actitud de desafío frente a los demás.

Gracias a esta tabla recapitulativa que incluimos a continuación y a la manera en la que te has identificado en las diferentes categorías que te hemos presentado más arriba, deberías ser capaz ahora de deducir tu pertenencia a un eneatipo:

Eneatipo	Cerebro dominante	Actitud frente a los demás	Fuente de la motivación
1	Reptiliano (entrañas)	Hostil	Competición
2	Límbico (corazón)	Amable	Autoconsideración
3	Límbico (corazón)	Hostil	Oportunismo
4	Límbico (corazón)	Reticente	Competición
5	Neocórtex (cabeza)	Reticente	Autoconsideración
6	Neocórtex (cabeza)	Amable	Oportunismo
7	Neocórtex (cabeza)	Amable	Competición
8	Reptiliano (entrañas)	Hostil	Autoconsideración
9	Reptiliano (entrañas)	Reticente	Oportunismo

Cada tipo posee su propia fuente de motivación, diferente a las demás: aquí surgen los desacuerdos, los equívocos y los malentendidos, sobre todo en el mundo laboral. En el marco de una aplicación en empresa, por ejemplo, comprender lo que nos anima personalmente y descifrar las motivaciones de nuestros compañeros permite una mejor comprensión de las reacciones de cada uno. A partir de este punto, seremos capaces de comprender la posición del otro y podremos neutralizar un conflicto más fácilmente.

LOS NUEVE TIPOS DEL ENEAGRAMA

Tipo 1: perfeccionista, reformista, idealista

Los individuos de tipo 1 se caracterizan por su rectitud y su autoexigencia. Encuentran su motivación en la competición con los demás y con ellos mismos. Les gusta que los reconozcan por lo que hacen y, si no obtienen *feedback*, transmiten su ira expresando una gran irritación a través de críticas.

Tipo 2: altruista, atento

Encontramos en la base de las actitudes comportamentales de este tipo una serie de rasgos de la personalidad que se centran en los demás, como la dedicación, la generosidad, el apoyo, la escucha, etc. A veces, el tipo 2 actúa a costa de sus propias necesidades, lo que esconde en realidad una cierta forma de orgullo: está movido principalmente por una alta autoestima que alimenta a través de sus actos altruistas.

Tipo 3: luchador, eficaz

Este tipo tiene como objetivo el éxito y espera ser reconocido por su obra: este deseo de que la opinión pública le brinde reconocimiento lo lleva a actuar. Los retos y el pragmatismo forman parte de su día a día, lo que lo lleva en el mejor de los casos a ser competente y a tener capacidad de adaptación y ganas de mejorar. Por el contrario, si se deja llevar, a veces el 3 se ve seducido ante la idea de recurrir a la mentira y al engaño para alcanzar sus metas.

Tipo 4: romántico, sensible, individualista

Los dos rasgos a los que aspira el 4 son la originalidad y la distinción: ante todo, quiere desmarcarse del resto. Está movido por sus deseos y sus pasiones, es indiscutiblemente el romántico del círculo del eneagrama. Es creativo e imaginativo. A veces lo supera su incapacidad para controlar sus sentimientos.

Tipo 5: observador, curioso, perceptivo, visionario

A los que pertenecen a este tipo les gusta ser reconocidos por su saber, su agudo sentido de la observación y su capacidad para encontrar soluciones innovadoras. Si el 5 no se siente cómodo en una situación, tiende a ponerse en segundo plano y se dedica solo a observar, demostrando una indiferencia que puede ir hasta el cinismo o la avaricia.

Tipo 6: leal, responsable, íntegro

La personalidad de este tipo, decididamente recta, se

niega a dejarse influir por cualquier desviación, siempre se mantiene en plenitud de facultades y en estado de alerta. Cuando se siente realizado, desarrolla relaciones y crea alianzas duraderas con los demás, lo que genera estabilidad y seguridad alrededor de él. Bajo presión, la duda, el temor y la sospecha forman parte de su día a día. Se convierte en conspirador y transmite su ansiedad y sus sospechas a su entorno.

Tipo 7: epicúreo, entusiasta, espontáneo

A través de su alegría de vivir y de su constante optimismo, el 7 encuentra una forma de realizarse en la innovación y en la planificación de mil actividades inesperadas. A veces fuerza tanto la situación que se dispersa sin obtener resultados productivos e ignora su propio sufrimiento.

Tipo 8: dominador, líder

Las actitudes que caracterizan al antepenúltimo tipo del eneagrama son la fuerza y la combatividad. El 8 se guía a la vez por su instinto y por su deseo de mantenerse al mando, y cuando está feliz, es un jefe natural y admirado. A veces está demasiado pagado de sí mismo y llega a extremos como la megalomanía, la venganza o la negación de una realidad que no se pliega a sus deseos.

Tipo 9: mediador, pacificador, inconformista, tolerante

Para mantener su deseo de paz y de serenidad, el 9 es el conciliador que cierra el círculo del eneagrama. Es apto para comunicar, de trato fácil y optimista, y da prioridad a la participación y a los deseos de los demás quedándose a veces en un segundo plano. Su intención tan firme de evitar el conflicto puede animarle a negar la realidad, en una prolongación del 8, a veces de manera radical con «anestésicos» adictivos.

¿NEURÓTICO YO?

Cada base es «buena» y «mala» a la vez. Por eso, no debe cundir el pánico si descubrimos que nuestro tipo se define con adjetivos como «neurótico», «perverso», «perezoso», «falso altruista», etc. En efecto, es precisamente en este punto donde el eneagrama revela todo su poder: saca a la luz los aspectos menos relucientes de una personalidad, incluso si esto nos molesta muchísimo. Descubrirnos a través de este método implica que tengamos que enfrentarnos a las desviaciones de nuestros comportamientos para corregirlos ya que, a largo plazo, es la «cura» la que debe prevalecer: esta autoterapia tiende hacia una atenuación o, incluso, una erradicación de los aspectos desagradables.

> ***Gestionar el resultado – El caso de Émeline***
>
> Émeline descubre que es del tipo 2. Por lo tanto, pertenece a la categoría de los altruistas, pero también a la categoría asociada al orgullo. Sin embargo, Émeline jamás se ha considerado una persona orgullosa, y este hallazgo le afecta en gran medida. Le desagrada percibir en su comportamiento actos interesados y no se reconoce en ellos. Indaga un poco más y se da cuenta de que su preocupación por los demás y este orgullo son las dos caras de un mismo rasgo de carácter: en realidad, necesita reconocimiento en su trabajo y en su

comportamiento, y necesita recibir amor a cambio. Por lo tanto, a veces tiende a multiplicar sus personalidades para adaptarse y gustar a los demás a toda costa. Émeline vuelve a pensar en situaciones de la vida cotidiana y, de repente, todo se le antoja más claro a la luz de este análisis «abrupto»: esto le permite aceptar poco a poco este aspecto neurótico de su comportamiento que le está perjudicando.

Así, las características de cada tipo que hemos expuesto brevemente más arriba remiten tanto a las virtudes como a los defectos: nadie es perfecto y ningún eneatipo es mejor que otro. Cada uno de los nueve tipos será una persona maravillosa si está totalmente equilibrado, mientras que su lado patológico puede derivar en alguien peligroso, auto-destructor, egoísta, etc.

También es bueno que recordemos que estas categorías no son estancas: nuestros pensamientos y nuestros com-portamientos fluctúan en función de las situaciones que atravesamos. Por lo tanto, navegamos entre los diferentes rasgos característicos de un tipo de personalidad, entre sus lados positivos y negativos, siempre intentando inclinarse lo máximo posible hacia el lado positivo.

LOS MEJORES CONSEJOS

- Iniciar el proceso con confianza y con un verdadero deseo de aumentar nuestro bienestar. Para ello, no hay que dudar de un proceso que ya ha demostrado su validez y, sobre todo, no hay que dudar de nosotros mismos y de nuestra capacidad de mejora.
- Mantenernos objetivos. Para que el eneagrama sea una práctica eficaz, es fundamental que «nos abordemos» objetivamente. En efecto, si somos capaces de tomar distancia sobre nosotros mismos y observarnos, estamos dando ya un gran paso.
- Recurrir a nuestro entorno. El consejo anterior no siempre es de los de más fácil aplicación. Por consiguiente, pedir ayuda a nuestros seres cercanos puede resultar muy productivo.
- ¡No tener miedo de los resultados! En efecto, es habitual que los resultados del eneagrama escondan una explicación poco brillante del comportamiento detrás de una primera frase elogiosa. Es un momento clave del proceso, ya que provoca un cierto choque en el participante. Obviamente, esta etapa de transición del eneagrama puede irritar a quien se presta al juego, pero es lo que realmente iniciará el trabajo.
- Otorgarnos un momento para aceptar e intentar leer los acontecimientos pasados de nuestra vida a la luz de este análisis. Un proceso que tiene como objetivo un mejor conocimiento de nosotros mismos no debe concebirse como una meta que tenemos que alcanzar lo más rápidamente posible. Como ocurre en muchas situaciones,

el camino por recorrer es también un aprendizaje. Si el resultado de los test nos ha perturbado, podemos marcar una pausa que nos permita reflexionar sobre ello y que resultará sin duda positiva para continuar después con el trabajo.

- Pensar acerca de lo que podría significar una «evolución beneficiosa» de nuestro comportamiento tipo.
- Conocer el análisis completo de nuestro eneatipo: la base, el ala dominante y las líneas de integración y de desintegración. Es el momento de intentar descifrar si, en la evolución de cada uno, la tendencia a acercarse a otro comportamiento ya está presente.
- Reflexionar en concreto acerca de la aplicación cotidiana de una mejora comportamental. Recordar acontecimientos pasados de nuestra vida y volver a vivirlos mentalmente con un nuevo enfoque, eliminando los comportamientos compulsivos de nuestro tipo. La idea es que nos programemos mentalmente para reaccionar de forma distinta.
- Abrirnos a otras terapias que permiten que lleguemos hasta el fondo de los problemas que hemos identificado y, por lo tanto, continuar eficazmente con el eneagrama a través de un sistema que se basa en nosotros mismos y en nuestra propia voluntad.
- Utilizar el saber adquirido para comprender a los demás. En efecto, la percepción de la existencia de diversas motivaciones de cada individuo es uno de los aportes más importantes de la práctica del eneagrama. Es una oportunidad para «crecer» siendo más comprensivos y más tolerantes con respecto a los comportamientos de los demás.

PREGUNTAS FRECUENTES

¿ES LO MISMO ENCASILLAR A LA GENTE Y UTILIZAR EL ENEAGRAMA PARA ANALIZAR PERSONALIDADES?

No. De hecho, el objetivo del eneagrama es que nos liberemos de nuestros lastres y que nos descubramos a nosotros mismos. Comprender a qué eneatipo pertenecemos es tomar conciencia de nuestro modo de pensar y de nuestros comportamientos habituales. Dependiendo de nuestro carácter, y también de nuestra educación y de nuestras experiencias vitales, hemos desarrollado una manera de ser frente a los demás de la que no siempre somos conscientes. A veces, esta puede resultar limitadora y, por lo general, es difícil salir de automatismos que llevan instalados mucho tiempo. El eneagrama los señala, así que permite que los evitemos y nos muestra la dirección que debemos seguir para tender hacia una mayor libertad.

¿REALMENTE «RELEER» MI PERSONALIDAD A LA LUZ DEL ENEAGRAMA VA A REVELARME ALGO SOBRE MÍ QUE IGNORABA?

Sí, el análisis del eneagrama desvela ciertas verdades sobre nosotros mismos, por muy increíble que esto parezca.

En efecto, las virtudes y los defectos que conocemos de nosotros pueden aglutinarse muy a menudo en un conglomerado que, en realidad, está relacionado con una naturaleza comportamental ligada a ciertas motivaciones (un eneatipo), cuyos rasgos de carácter conocidos se convierten en simples facetas. Una vez que se arroja luz sobre esta naturaleza, la elaboración del eneagrama permite llegar a soluciones: además de las bases que representan a cada tipo, el eneagrama también contiene las alas y las líneas inscritas en su círculo.

Las alas son las dos bases que rodean a la base a la que pertenece un individuo y de las que ha heredado ciertas tendencias —de una más que de otra, generalmente. La observación de las características de las alas o del ala principal constituye así un primer enfoque de ideas de evolución comportamental.

Además, la figura contiene concordancias de flechas que llegan a dos polos del eneatipo en cuestión: representan las características de personalidad hacia las que tiende un individuo en situación de confort o en un momento de fuerte presión.

> **(*Continuación del análisis del caso de Émeline*)**
>
> Entre los excesos del eneatipo 2 al que pertenece Émeline, existe esa tendencia a querer adaptarse siempre a su interlocutor para estar segura de que gustará y de que recibirá aceptación. Esto significa, entre otras cosas, decir «sí» compulsivamente aunque Émeline no esté realmente de acuerdo. Así, sabe que de aquí en adelante le conviene acercarse al polo 8 y aprender a decir «no».

Por lo tanto, el eneagrama propone múltiples ideas para reflexionar sobre nosotros mismos y sobre nuestros comportamientos, lo que permite que entendamos la personalidad de un individuo en toda su complejidad.

¿QUÉ RELACIÓN PUEDO ESTABLECER CON MI VIDA PROFESIONAL?

Centrémonos en situaciones relacionadas con el ámbito profesional y en las que la personalidad individual ejerce un papel fundamental, y veamos cómo se puede aplicar el eneagrama.

- **La contratación**: es el momento clave en la definición de potenciales personales. A partir de ahora, será más fácil responder a la famosa pregunta del posible futuro empleador: «¿Cuáles son tus mayores virtudes y defectos?». Ahora ya podrás responder con precisión y desmarcarte, dando claramente la impresión de que eres dueño de tu personalidad y de que la utilización de cada punto fuerte o débil está optimizada.
- **El desacuerdo**: bien surja de un malentendido o de una confrontación inevitable, un desacuerdo puede a menudo ser fuente de frustración y, por lo tanto, puede ocasionar inconvenientes profesionales. En este caso, comprenderse a uno mismo, apuntar a lo que nos ocasiona problemas y a las razones por las que la situación nos deja en una posición incómoda son datos fundamentales que a menudo descuidamos. El eneagrama nos recuerda la importancia que puede tener nuestra propia percepción de las cosas en una situación de conflicto y nos lleva a actuar sobre esta actuando antes que nada

sobre nosotros mismos.

- **La optimización del trabajo en equipo**: conocer las razones que animan a alguien a actuar de una cierta manera y no de otra puede convertirse en un motor importante para optimizar las relaciones de equipo. Como cada eneatipo está caracterizado por su enfoque de los acontecimientos, conocer los distintos modos de funcionamiento de las personas implicadas en un proyecto se convertirá en una gran riqueza.

¿PODEMOS DEFINIR LA PROFESIÓN QUE SE ADECUA MEJOR A CADA TIPO?

Por supuesto que no; no tenemos en absoluto la intención de jugar al determinismo. Por el contrario, como el eneagrama basa su análisis en las motivaciones de los individuos, conocer nuestro eneatipo, nuestra ala principal y nuestras líneas de integración y de desintegración —y, por lo tanto, las motivaciones a las que están vinculadas— permite explorar ideas en cuanto al tipo de función que, en principio, podría gustarnos. Pero debemos evitar que la mayor parte de la decisión venga condicionada por este enfoque, que no debe ser más que una herramienta y no una imposición.

El eneatipo describe sobre todo las ventajas que poseemos para una función, en el caso de que tengamos en mente un puesto en particular, así como los puntos que podrían plantear problemas.

¿EXISTEN CIERTOS TIPOS QUE DECIDIDA-MENTE NO PUEDEN ENTENDERSE?

Tal y como hemos dicho más arriba, el eneagrama invita a no girar la cabeza ante algunas realidades: todos somos diferentes y, por consiguiente, cuando debemos efectuar una tarea, las maneras de actuar varían, puesto que las motivaciones y los mecanismos de razonamiento no son idénticos. Es fundamental que sepamos cómo piensa nuestro vecino para un progreso eficaz en la compleción del trabajo. El eneagrama facilita así el funcionamiento de una empresa o de un equipo.

Por consiguiente, todos los eneatipos están dispuestos a entenderse bajo esta condición: todos deben saber acerca de cómo razonan y de las motivaciones de la gente que los rodean. La negociación se refuerza con este conocimiento y resulta más fácil. La técnica del eneagrama practicada en empresa permite comprender el pensamiento del otro. Cada tipo manifiesta expectativas particulares que son el reflejo de sus motivaciones, y cuando estas se ven frenadas, esto genera inevitablemente frustraciones, malentendidos y conflictos.

¿CAMBIAMOS DE TIPO CON EL TIEMPO?

A priori, el eneatipo al que pertenecemos cuando somos niños sigue siendo predominante a lo largo de nuestra vida. Sigue siendo nuestro tipo de base, el que explica mejor nuestra personalidad: no lo cambiamos. Sin embargo, nuestra personalidad se va volviendo más compleja con los años, y puede alejarse de algunas características de nuestro tipo primero para tomar prestadas otras. El objetivo del eneagrama es, de hecho, ese: conocernos para optimizar nuestras cualidades y para luchar contra nuestros defectos yendo a buscar cualidades en otros tipos.

El enfoque que predica el eneagrama tiene en cuenta esta evolución de la personalidad, integrando en su esquema las alas y las líneas de desarrollo y de estrés. Estas terminan de completar el eneagrama de base para explicar mejor la complejidad de la personalidad.

¡AHORA ES TU TURNO!

Gracias a esta breve iniciación en el eneagrama, seguro que ya has observado que se trata de una técnica precisa y, sobre todo, que sus efectos se multiplican: de hecho, más allá de la categorización comportamental asociada a la base, a las alas y a las líneas, el método también contiene ideas para la mejora de nosotros mismos.

> «Antes que nada, me gustaría insistir en la importancia de esta noción del "trabajo sobre uno mismo" que consiste en reconocer la verdad sobre nosotros mismos y sobre nuestra vida, a pesar del malestar o del dolor que esto puede generar, en otras palabras: la confesión íntima. [...] En realidad, la verdad sobre nosotros mismos puede liberarnos, puesto que una vez que hayamos entendido realmente algo sobre nosotros mismos, esto actuará solo y nos cambiará, sin que tengamos la intención de cambiarlo» (Naranjo 2012, 325).

Ya has identificado tu eneatipo o, en cualquier caso, has observado a qué tipos te acercas más. Ahora cuentas con todos los elementos, puesto que en el momento en el que simplemente iniciaste el proceso de conocimiento, ya empezaste a cambiar.

Sin embargo, puede presentarse la necesidad de profundizar este saber y de descubrir otras técnicas para que te acompañen en este recorrido, y en ese caso, puedes interesarte por prácticas como la PNL o la EFT, por ejemplo. En efecto, la combinación con estas técnicas permite multiplicar la potencia del eneagrama.

- La PNL («programación neurolingüística») es un método psicoterapéutico decididamente moderno que, al igual que el eneagrama, ya ha demostrado su validez en el mundo laboral. Se dedica a observar la manera que cada uno tiene de percibir lo real. A través de la relación que se establece entre el comportamiento y el sistema sensorial dominante, la PNL permite incitar al participante a que dé prioridad de manera consciente a un sistema diferente al de sus costumbres, sus *patterns*, según el término escogido por la disciplina. A partir de ahí, cada eneatipo tiene su propio correspondiente en la PNL, así que unir estos dos tipos de conocimientos solo puede ahondar todavía más en el conocimiento de uno mismo.
- Otra vía de profundización puede ser la que propone el EFT (*Emotional Freedom Technique* o «técnica de liberación emocional»). Se trata de una técnica de *tapping*, es decir, de golpeteos que deben aplicarse en ciertos puntos meridianos del cuerpo para eliminar las emociones negativas creadas por ciertos acontecimientos, sabiendo que esto también incluye bloqueos que nos impiden evolucionar hacia un mayor bienestar comportamental.

Estas tres técnicas convergen sin duda en sus principios fundamentales. En efecto, todas afirman que disponemos de los recursos necesarios para contribuir a nuestra mejora. Tomando como punto de partida el descubrimiento a través del eneagrama, todos somos capaces de reconocer nuestro propio valor y de enriquecer el componente humano en los entornos en los que evolucionamos.

¡Tu opinión nos interesa!
¡Deja un comentario en la página web de tu librería en línea,
y comparte tus favoritos en las redes sociales!

PARA IR MÁS ALLÁ

FUENTES BIBLIOGRÁFICAS

- Lapid-Bogda, Ginger. 2007. *L'ennéagramme. Se connaître pour réussir.* Issy-les-Moulineaux: ESF Éditeur.
- Naranjo, Claudio. 2012. *Ennéagramme, caractère et névrose. Structure psychologique des ennéatypes: une vision intégrative.* París: InterÉditions.
- Rognoni, Andrea. 1997. *L'ennéagramme. Nouvelle méthode d'analyse psychologique.* París: Éditions de Vecchi.

FUENTES COMPLEMENTARIAS

- Mallet, Norbert. 2013. *Devenir soi-même avec l'ennéagramme.* París: Salvator.
- Palmer, Helen. 2003. *L'ennéagramme: pour mieux se connaître et comprendre les autres.* Ginebra: Vivez soleil.
- Riso, Don Richard y Russ Hudson. 1996. *Personality types: using the enneagram for self-discovery* (revised edition). Nueva York: Houghton Mifflin Harcourt.
- Riso, Don Richard y Russ Hudson. 2000. *Understanding the enneagram: the practical guide to personality types* (revised edition). Nueva York: Houghton Mifflin Harcourt.

en50MINUTOS.es

¡APRENDER NUNCA ANTES FUE TAN RÁPIDO!

www.en50minutos.es